INDIANER

Richard Platt

Illustriert von Luigi Galante, Manuela Cappon und Andrea Orani

arsEdition

Bibliografische Information Der Deutschen Bibliothek

Die Deutsche Bibliothek verzeichnet diese Publikation in der Deutschen Nationalbibliografie;
detaillierte bibliografische Daten sind im Internet über http://dnb.ddb.de abrufbar.

5 4 3 2 1   08 07 06 05

Text: Richard Platt
Redaktion der Originalausgabe: Ron Samuel
Zeichnungen: Luigi Galante, Manuela Cappon und Andrea Orani, Florenz, Italien
Der Verlag dankt John C. Ewers und Raymond J. DeMallie
für die Liste der Verwertung von Bisonteilen auf Seite 11.

Aus dem Englischen von Cornelia Panzacchi
Textlektorat der deutschen Ausgabe: Elke Hesse

ISBN 3-7607-4833-3

www.arsedition.de

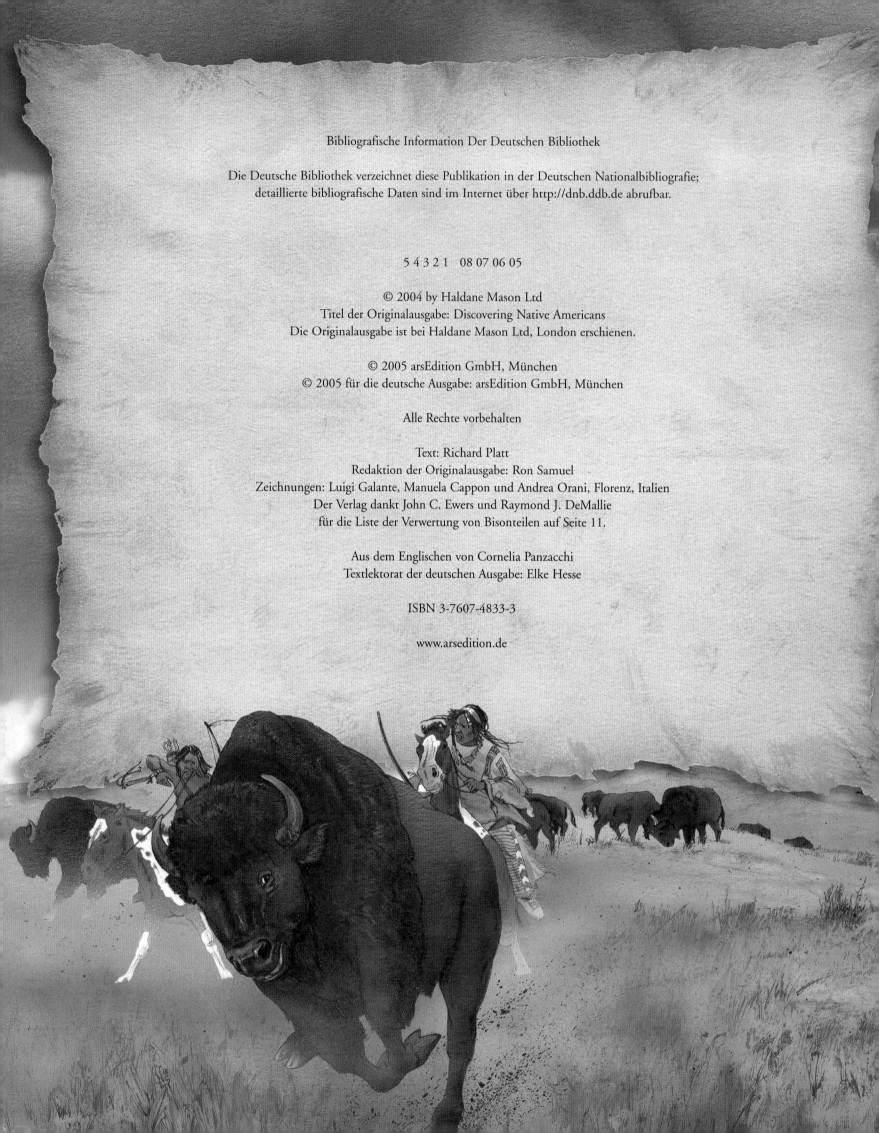

Inhalt

Wer waren die Indianer?

Über Nordamerika verteilt lebten 500 indianische Völker. Als Jäger, Bauern und Fischer fanden sie in dem riesigen Gebiet zwischen der eisigen Arktis und den Wüsten des Südens alles, was sie zum Leben brauchten.

Beim Wort »Indianer« denken die meisten von uns an einen Krieger, der in Kriegsbemalung auf einem Pferd sitzt, in einem Tipi wohnt, mit dem Gewehr auf Bisons schießt und ständig gegen benachbarte Stämme Krieg führt. Vielleicht aber stellen wir uns auch eine Familie vor, die in einem Kanu über einen See rudert. Oder aber einen Kriegshäuptling mit Federschmuck, der von einem hohen Felsen aus Rauchsignale sendet.

Einige dieser Vorstellungen über das Leben der Indianer treffen zumindest teilweise zu, aber keine einzige entspricht der ganzen Wahrheit. Wer waren die Indianer wirklich und wie lebten sie? Diese Frage ist nicht leicht zu beantworten, denn die einzelnen Völker und Stämme unterschieden sich stark voneinander. Die Menschen, die in den

▲ **Nordwestküste:** An der waldreichen nördlichen Pazifikküste herrschten andere Umweltbedingungen als in der Prärie. Hier lebten die Indianer nicht in Tipis, sondern in Blockhäusern und ernährten sich vom Fischfang.

Wüsten des Südwestens lebten, bauten Mais an und wohnten in Häusern aus Lehmziegeln.

Die Bewohner der Nordwestküste brauchten keine Felder zu bestellen, denn sie konnten von den Fischen leben, die in den Flüssen und seichten Küstengewässern leicht zu fangen waren. Außerdem jagten sie Wild, das in den Bergwäldern lebte.

Im eisigen hohen Norden bauten sich die Menschen Häuser aus Treibholz und Walknochen und ernährten sich

Eine Gruppe Indianer zieht durch die weite Prärie. Sie sind die Herren dieses Stück Landes, und es schenkt ihnen alles, was sie zum Leben brauchen: Nahrung, Kleidung und ein Zuhause. »Furchtloser Wolf« ist noch klein, aber am liebsten spielt er »Bären jagen«. Er schleicht sich so geschickt an, dass sein Vater »Schweigende Eule« stolz auf ihn ist.

vom Fischfang und von der Jagd auf Karibus (Rentiere) und Robben.

Die Indianer passten ihre Lebensweise immer der jeweiligen Umwelt an. Manche zogen im Rhythmus der Jahreszeiten umher. Andere verbrachten fast ihr gesamtes Leben an einem Ort. Allen gemeinsam war, dass sie alles, was sie zum Leben brauchten, selbst anbauten, erjagten oder herstellten. Wie die Menschen überall auf der Welt lebten auch sie in Familien. Gruppen miteinander verwandter Familien schlossen sich zu Clans zusammen. Mehrere Clans bildeten einen Stamm oder ein Volk mit gemeinsamer Sprache, Lebensweise und Religion.

Die Ankunft der Europäer in Amerika im 16. Jahrhundert brachte einschneidende Veränderungen mit sich. Die Siedler besetzten die fruchtbarsten Landstriche und das beste Grasland. Die Pferde und Feuerwaffen, die sie einführten, veränderten die Jagdmethoden und die Kriegsführung der Indianer. Sehr viele Menschen starben durch die von den Europäern eingeschleppten Krankheiten.

Die Begegnung mit den Europäern war für die Indianer eine Katastrophe, die nur wenige überlebten. Ihre Nachkommen aber erhalten ihre einzigartigen Traditionen auch heute noch lebendig.

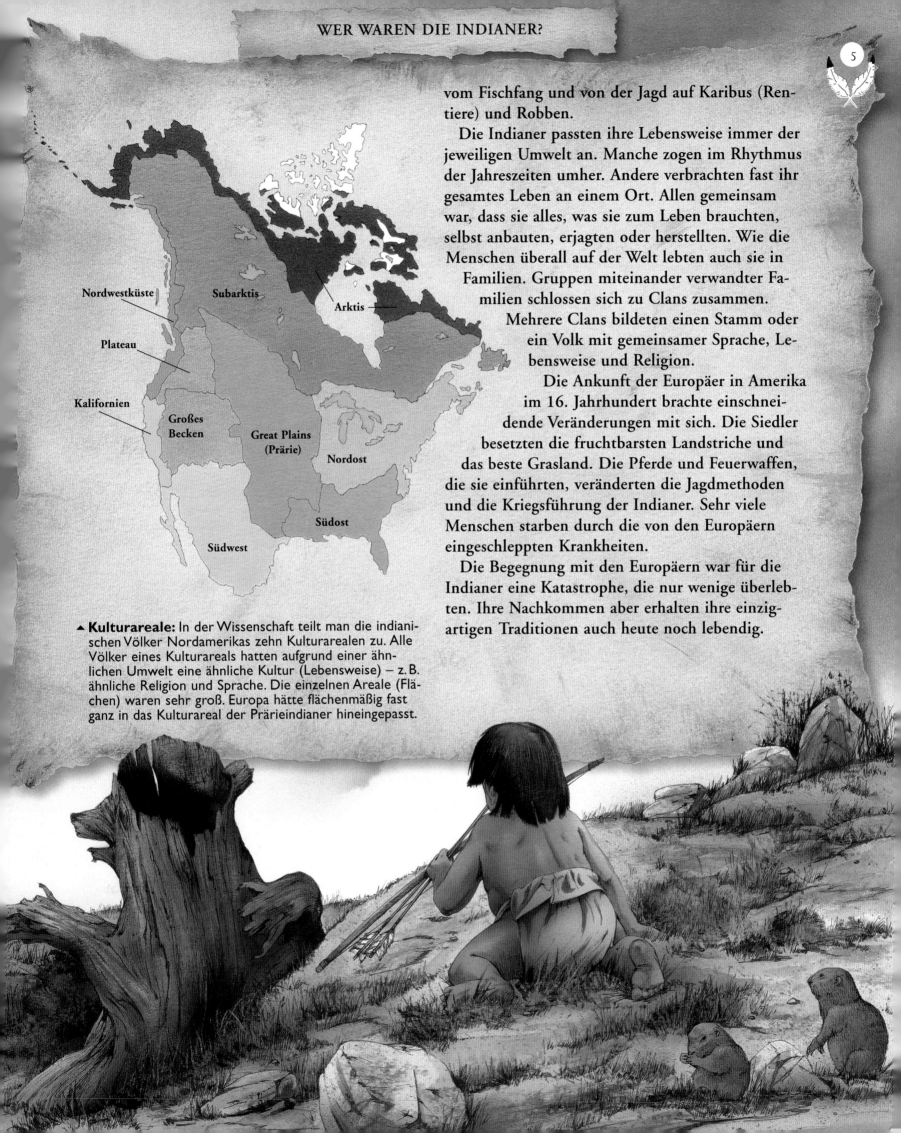

Nordwestküste

Subarktis

Arktis

Plateau

Kalifornien

Großes Becken

Great Plains (Prärie)

Nordost

Südost

Südwest

▲ **Kulturareale:** In der Wissenschaft teilt man die indianischen Völker Nordamerikas zehn Kulturarealen zu. Alle Völker eines Kulturareals hatten aufgrund einer ähnlichen Umwelt eine ähnliche Kultur (Lebensweise) – z. B. ähnliche Religion und Sprache. Die einzelnen Areale (Flächen) waren sehr groß. Europa hätte flächenmäßig fast ganz in das Kulturareal der Prärieindianer hineingepasst.

Häuser und Zelte

Die Ureinwohner Nordamerikas wohnten in Häusern aus Stein, Baumstämmen oder Lehmziegeln – oder in Zelten, die mit Tierhäuten oder Pflanzenmaterial abgedeckt waren. Manche Stämme streiften einen Großteil des Jahres umher.

Man könnte meinen, dass es sich in einem Zelt oder in einem Blockhaus nicht gerade bequem lebte. Tatsächlich aber boten die Behausungen der Indianer viele Vorteile. Ihre Bauweise war immer an das jeweilige Klima angepasst. Stets wurden Baumaterialien gewählt, die sich leicht beschaffen ließen. Und Form und Bauweise waren genau auf die Bedürfnisse der Bewohner abgestimmt.

Das bekannte Tipi war das Zelt der Prärieindianer. Sechs Personen konnten bequem darin leben. Über ein kegelförmig aufgestelltes Gerüst aus langen Holzstangen wurde eine Plane gelegt, die aus ungefähr 20 Bisonhäuten zusammengenäht war. Das Tipi gehörte immer der Frau. Eine geschickte Indianerin konnte ihr Tipi in weniger als einer Stunde aufstellen. Plane und Stangen wurden von großen Hunden oder Pferden von einem Ort zum nächsten geschleppt. Oben in der Spitze des Tipis befand sich ein Rauchabzug für das Feuer, der auch als Lüftung diente.

Manche Präriestämme verbrachten den Winter in verschiedenen Typen von Häusern. Verbreitet waren Erdhäuser: Rings um eine ausgehobene Grube wurde ein Gerüst aus Stangen gebaut. Die Abdeckung von Wänden und Kuppeldach bestand aus Rasensoden.

Die Inuit (Eskimos) bauten ihre Häuser aus Walknochen und Häuten oder aus Schneeblöcken. Diese Iglus waren ebenso kuppelförmig wie die weiter südlich gebräuchlichen Wigwams, deren hölzernes Gerüst mit Tierhäuten oder Ästen bedeckt wurde.

Stämme, die mehrere Jahre an einem Ort blieben, errichteten dauerhaftere Behausungen – z. B. aus Lehmziegeln, wie im

»Furchtloser Wolf« ist größer geworden und nachdenklich. Er fühlt sich als Außenseiter. Es kommt ihm vor, als würden die anderen Kinder ihn wie einen Fremden behandeln. »Furchtloser Wolf« schaut zu, wie die Frauen aus Stangen, Rasensoden und Lehm ein neues Erdhaus bauen. Die Jungen rufen ihm nach: »Du gehörst nicht zu uns, weil du anders bist!« Sie schlagen ihn und werfen ihm Steine nach.

Südwesten. Die dicken Wände dieser Häuser nahmen tagsüber die Sonnenwärme auf und gaben sie nachts, wenn es in der Wüste sehr kalt werden kann, wieder ab. In einigen Gegenden verwendeten die Menschen Stein anstelle von Lehmziegeln: In Mesa Verde in Colorado kann man noch die in die steile Felswand gebauten Steinhäuser besichtigen.

Manche Wohngebäude waren sehr groß. Die Irokesen wohnten in Langhäusern, die halb so lang wie ein Fußballplatz waren. In einem davon konnten bis zu 60 Familien miteinander leben.

▼ Tipis und Wigwams: Beide bestanden aus einem Gerüst aus Holz und einer wetterfesten Abdeckung. Beim Tipi (links) war es eine aus Leder zusammengenähte Plane. Der Wigwam (unten) war mit Rinde oder Schilfmatten bedeckt.

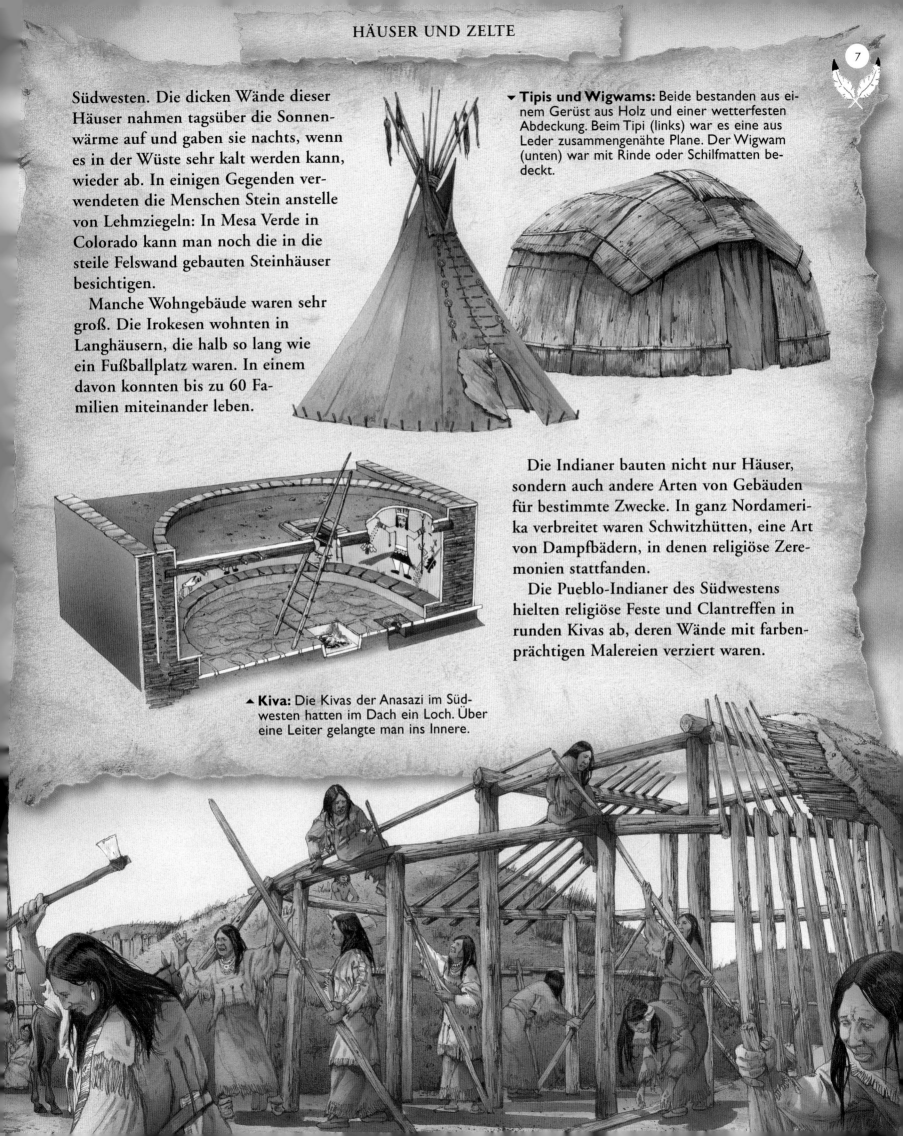

Die Indianer bauten nicht nur Häuser, sondern auch andere Arten von Gebäuden für bestimmte Zwecke. In ganz Nordamerika verbreitet waren Schwitzhütten, eine Art von Dampfbädern, in denen religiöse Zeremonien stattfanden.

Die Pueblo-Indianer des Südwestens hielten religiöse Feste und Clantreffen in runden Kivas ab, deren Wände mit farbenprächtigen Malereien verziert waren.

▲ Kiva: Die Kivas der Anasazi im Südwesten hatten im Dach ein Loch. Über eine Leiter gelangte man ins Innere.

Jagd und Anbau

Nahezu alle Ureinwohner Nordamerikas ernährten sich vom Sammeln essbarer Pflanzen, von Fischfang und Jagd. Dort, wo Ackerbau möglich war, wurden von sesshaften Stämmen Nutzpflanzen angebaut.

Die ersten Bewohner Nordamerikas waren Jäger. Sie hatten immer genug zu essen, denn das Land war reich an Wild. Außer Bisons und Moschusochsen streiften auch riesige Mammuts durch Nordamerika. Weil diese großen Tiere gefährlich waren, trieben die Jäger ganze Herden auf Abgründe zu oder in Fallen hinein.

Als das Klima nach dem Ende der Eiszeiten milder wurde, starben viele große Tiere aus, darunter auch die Mammuts. Vielleicht war an ih-

Das Jagen

Die Jäger tarnten sich mit Tierfellen und töteten mit Speeren und Pfeilen mit scharfen Steinspitzen. Sie schlichen sich an Hirsche, Bisons und anderes größeres Jagdwild heran. Wenn sie nahe genug waren, stießen sie mit dem Speer zu oder schossen Pfeile ab. Sie häuteten die Beute an Ort und Stelle, nahmen sie aus und zerteilten sie, um sie besser nach Hause tragen zu können. Weil die Jagd so wichtig war, gab es viele Bräuche, die mit ihr zu tun hatten und das Jagdglück fördern sollten.

▲ **Hirschfalle:** Das Jagen war eine anstrengende Arbeit. Damit ein Dorf satt wurde, musste eine Gruppe aus fünf bis zehn Jägern täglich einen Elch oder vier Hirsche erlegen.

»Furchtloser Wolf« lernt, so zu tun, als würde ihm de[r] Spott der anderen nichts ausmachen. Er schwört sic[h] dass er zum besten Jäger seines Stammes werden w[ird]. An seinem vierzehnten Geburtstag darf er mit den J[ä]gern reiten. Sein Pfeil zwingt einen Bison zu Boden. D[a]mit hat »Furchtloser Wolf« bewiesen, dass er mutig u[nd] geschickt ist.

rem Verschwinden aber auch die starke Bejagung mit schuld (siehe Seite 11). So mussten sich die Jäger neue Jagdmethoden ausdenken. Sie gingen dazu über, sich an einzelne Tiere heranzuschleichen. Zur Ergänzung dieser Fleischkost sammelten sie Pflanzen, die sich als essbar erwiesen hatten. Besonders im Nordwesten und auch im Südosten, rings um den Golf von Mexiko, spielten Fische eine wichtige Rolle in der Ernährung. Männer und Frauen fingen sie mit Speeren, Reusen, Netzen und Haken.

Vor ungefähr 4000 Jahren fand eine kulturelle Revolution statt: Menschen, die bisher nur gejagt und gesammelt hatten, wurden zu Bauern. Wenn sie reife Pflanzen einsammelten, hoben sie einen Teil der Samen auf, um sie im folgenden Jahr zu pflanzen. Die am meisten verbreiteten Nutzpflanzen waren Mais und Bohnen. Beim Eintreffen der ersten Europäer wurde fast im gesamten Süden und Osten Mais angebaut.

▼ **Anbau:** Die verbreitetste Feldfrucht war Mais, aber die amerikanischen Ureinwohner bauten auch Bohnen und Kürbisse an. Daneben pflanzten und ernteten sie Baumwolle, Tabak, Kräuter und Pflanzen, die sie zum Färben verwendeten.

Für viele Clans blieb die Jagd dennoch die wichtigste Art, sich Nahrung zu beschaffen. Die Frauen lernten, Fleisch zu konservieren. Sie schnitten es in Streifen und trockneten es an der Luft. Sie zerkleinerten Trockenfleisch und mischten es mit Fett, Knochenmark und getrockneten Beeren zu Pemmikan, eine Nahrung, die bis zu zwei Jahre haltbar war.

Leben mit der Natur

In ihrer Lebensweise passten sich die Indianer sehr stark an die Natur an. Wenn Tiere und Pflanzen gediehen, ging es auch den Menschen gut, die sich von ihnen ernährten. Wenn die wilden Tiere durch Dürren oder strenge Winter umkamen, mussten die Menschen hungern.

Die Indianer wussten, wie abhängig sie von den Pflanzen und Tieren in ihrer Umgebung waren. Sie glaubten dafür sorgen zu können, dass das Wild gut gedieh. Einiges von dem, was sie dazu unternahmen, kommt uns wie Aberglaube vor. Anderes ist dem ziemlich ähnlich, was wir heute unter Umweltschutz verstehen.

Die Ureinwohner Nordamerikas beobachteten ihre Umwelt genau und gaben ihr Wissen an ihre Kinder weiter. Sie wussten, wo und wann welche essbaren Pflanzen wuchsen. Sie beobachteten, was wilde Tiere fraßen, wo sie sich versammelten und ob die Bestände wuchsen oder abnahmen.

▲ **Präriefeuer:** Indem sie Waldstücke verbrannten, vergrößerten die Menschen die Weideflächen. Außerdem wuchsen dann viele Beerensträucher nach.

Dank dieses Wissens konnten sie den großen Bisonherden folgen, die auf der Suche nach frischen Weiden über die Prärie streiften. Die Indianer des Nordwestens lernten mit der Zeit, wann die Lachse in großer Zahl stromaufwärts zogen. Weil sie wussten, wie schnell oder langsam eine Tierart sich vermehrte, teilten sich die Stämme mitunter auf, um weiträumiger zu jagen.

Viele Menschen kamen nur dort zusammen, wo es für alle genug Nahrung gab.

Bei Tagesanbruch kehrt »Furchtloser Wolf« mit den Jägern zurück. Ihre Pferde sind schwer mit Fellen und Fleisch beladen. Die Menschen feiern und beten zum Dank für alles, was sie erhalten haben. Aus Leder und Fellen werden sie Wintersachen, Seile und Taschen, Schilde und Schuhe machen. Auch aus Hörnern, Hufen und Knochen lassen sich nützliche Dinge herstellen.

Nützliche Bisons

Die Suche nach essbaren Pflanzen und der Anbau nahmen viel Zeit in Anspruch. Deshalb versuchten die Menschen alles, was ihnen zur Verfügung stand, gründlich zu verwerten. Von einem erlegten Bison wurde so gut wie alles genutzt. Gegessen wurden Fleisch, Blut und Knochenmark, die Zunge, die Leber und andere Innereien. Die Abbildung rechts zeigt, wozu die anderen Teile eines Bisons verwendet wurden.

Haut: gegerbtes Leder: Zeltplanen, Schuhe, Hosen und Hemden, Taschen, Gürtel, Fäustlinge, Kopfbedeckungen und Puppen. Rohes Leder: Sättel, Zaumzeuge, Trommeln, Boote, Köcher, Masken und Riemen

Schwanz: Fliegenwedel, Peitschen und Zierquasten

Mist: Brennstoff

Gehirn: Diente zum Gerben der Haut

Hörner: Becher, Löffel, Behälter für Glut oder Schießpulver, Spielzeug, Schmuck, Rasseln

Fell: Kopfschmuck, Füllungen für Polsterungen, Seile, Halfter und Schmuck

Knochen: Pfeilspitzen, Messerklingen, Stiele für Werkzeuge wie z. B. Schaufeln und Hacken, Schlittenkufen, Gestelle für Sättel, Pinselstiele, religiöse Gegenstände

Hufe: Leim und Rasseln

Manchmal griffen die Indianer auch in die Natur ein, indem sie z. B. die Vermehrung nützlicher Pflanzen oder Tierarten förderten. Bauern jäteten auf ihren Feldern Unkraut, damit die Nutzpflanzen kräftiger wuchsen. Die Prärieindianer veränderten ihre Umwelt auf nachhaltigere Weise. Sie brannten Bäume und Sträucher ab, damit sich die Wälder nicht auf Kosten des Graslands ausbreiteten, auf dem die Bisons weideten.

Im Leben der Indianer wechselten sich häufig Zeiten des Überflusses mit Hungersnöten ab. Gegen die Hungersnöte versuchten sie mitunter mit Magie vorzugehen oder sie wandten sich an Geister. So verbrannten z. B. die Cree im Winter Schneehasenfelle, damit es schneite. Wenn viel Schnee lag, konnten sie auf Schneeschuhen große Tiere verfolgen und erlegen, die im tiefen Schnee stecken blieben (siehe Seite 16). Sie glaubten, durch das Verbrennen der Schneehasenfelle den Wintergott zu verärgern, den Freund der Schneehasen, der zur Strafe viel Schnee schicken würde.

Besitztum und Magie

Wohlhabende oder ranghohe Indianer besaßen oft besonders schöne Haushaltsgegenstände und Waffen. Diese Besitztümer waren aber nicht sehr wichtig. Maßgebend für das Ansehen eines Menschen waren seine Fähigkeiten, sein Wissen oder die ihm zugeschriebenen magischen Kräfte.

Die Angehörigen vieler indianischer Völker besaßen nur wenig mehr, als sie zum Leben unbedingt brauchten: ihre Häuser oder Zelte, Kleidung, Waffen und Werkzeug. Das meiste davon stellten sie selbst aus einer Vielzahl natürlicher Materialien her, darunter Holz, Knochen, Muscheln, Stein, Ton, Leder und Baumwolle. Dabei verwendeten sie vor allem das, was in ihrer Gegend reichlich vorhanden war.

Die im Waldland des Nordostens lebenden Nipmuck schnitzten sich ihre Schüsseln aus Holz, während die Zuni und die Anasazi des baumarmen Südwestens für ihre schön verzierten Tonwaren berühmt waren. Die Lakota Sioux, die in erster Linie von der Bisonjagd lebten, stellten ihre Kleidung aus Bisonleder her und verzierten sie mit gefärbten Stacheln des Baumstachlers.

Viele Gegenstände des täglichen Gebrauchs waren sehr einfach und nach bewährter Art gefertigt. Gerade ihre Schlichtheit und Zweckmäßigkeit machte ihre Schönheit aus. Die Frauen aus dem Stamm der kalifornischen Pomo flochten ihre Körbe aus Weidenruten und Gräsern so fest, dass sie sie auch mit Wasser füllen konnten. Indem man im Feuer erhitzte Steine in die Körbe hineinwarf, brachte man das Wasser zum Kochen.

▲ **Hausrat:** Die schönen Muster auf Körben, Tonwaren und Decken hatten magische Aufgaben. Sie sollten den Besitzer der Gegenstände schützen oder Glück bringen.

Medizinbündel

Medizinbündel galten bei den Prärieindianern als kostbarster Besitz. Sie enthielten Gegenstände, denen man magische Kräfte zuschrieb und die in der jeweiligen Kultur eine bestimmte Bedeutung hatten. Mitunter spürten Menschen, dass Geister sie aufforderten, ein Medizinbündel zu-sammenzustellen. Meist aber gehörten Medizinbündel einer Familie oder einem Stamm. Man setzte sie bei Heilungszeremonien und reli-giösen Anlässen ein. Sie her-vorzuholen und zu öffnen war eine sehr feierliche Angele-genheit: Das Öffnen des Heiligen Pfeilbündels der Cheyenne dauerte vier Tage.

▶ **Pfeifenbündel:** Für uns hätten die Gegenstände aus einem Medizinbündel nichts Besonderes an sich. Doch den Tabakpfeifen, Tierkrallen, Knochen, Haaren, Fellstücken und Federn wurde eine besondere Bedeutung zugeschrieben und auch eine besondere Kraft.

Es gab aber auch kostbare, besonders kunstfertig hergestellte Dinge, und ihr Besitz war ein Zeichen für Reichtum. Die Indianer hatten eine andere Vorstellung davon, was reich sein bedeutet, als wir. Manche wertvolle Dinge gehörten nicht Einzelnen, sondern einer Familie, einem Clan oder einem Stamm. Und allein der Besitz schöner Dinge reichte nicht aus, um besonders angesehen oder einflussreich zu sein. Auch ein

Lied, das z. B. beim Anfertigen von Pfeilspitzen gesungen wurde, galt als wertvolles Eigentum.

Außerdem versuchten nicht unbedingt alle Indianer, viel zu besitzen. Menschen, die umherstreiften, wie die Prärieindianer, beschränkten ihre Habe auf ein Mindestmaß. Sesshafte Bauern dagegen hatten sicher auch mehr Besitztümer.

Einige Zeit später überschwemmt eine große Flut die Prärie. Sie reißt das Zelt einer Familie mit. Der Sohn springt ins Wasser, um das kostbare Medizinbündel zu bergen. Die Strömung treibt ihn rasch davon. »Furchtloser Wolf« läuft am Ufer mit, und es gelingt ihm schließlich, den Jungen zu retten. Doch seltsamerweise erntet er kaum Dank dafür.

14

Familienleben

Die indianischen Kinder lernten von älteren Verwandten alles, was sie als Erwachsene brauchen würden, um zu überleben und für ihre Familie zu sorgen. Das Wissen über Kultur und Geschichte ihres Volkes wurde ihnen durch Märchen, Lieder, Gebete und Sagen vermittelt.

Die Indianerkinder gingen nicht in die Schule, aber mit dem Lernen begannen sie früh. An der Nordwestküste erzählte man den Babys Märchen, bis sie einschliefen. In diesen Geschichten wurden die Guten belohnt und die Bösen bestraft. Wenn sie älter wurden, begriffen die Kinder, dass diese Geschichten ihnen erklärten, wie sie selbst sich verhalten sollten. Auch Lieder und Gebete bereiteten sie auf das Erwachsenenleben vor.

Die Kinder lernten von ihren Eltern, Groß-eltern, Onkeln und Tanten, und durch Nachah-mung. Sie lernten auch im Spiel. Kleine Jungen bekamen Bögen und stumpfe Pfeile. Je älter sie wurden, desto größer wurden die Bögen und desto schärfer die Pfeile. Was die Kinder an praktischen Fähigkeiten erwarben, war von Stamm zu Stamm verschieden: Bei manchen Stämmen ähnelte sich die Arbeit von Männern und Frauen, bei anderen waren die Aufgaben geteilt. Bei den Hopi beauf-tragte man Jungen mit Arbeiten, die Kraft erfor-derten, während die Mädchen kochten und die Geschwister versorgten. Bei den Prärieindianern spielten die Jungen Kampfspiele, während die Mädchen mit ihren Müttern Leder verarbeiteten.

▲ **Lachsfang:** Wenn die Lachse im Frühjahr aus dem Meer in die Flüsse des Nord-westens zurückkehrten, schwammen und sprangen sie dicht an dicht. Es war kinderleicht, sie mit Speeren oder mit bloßen Händen zu fangen.

Eines Tages sagt »Schweigende Eule«: »Jetzt, wo du älter bist, will ich dir erklären, warum sie dich ›Fremder‹ nen-nen. Du bist nicht aus diesem Stamm. Krieger nahmen dich und deine Mutter einst gefangen. Sie starb kurz darauf. Wir haben dich wie unser Kind aufgezogen, doch gegen die Bosheit der anderen waren wir machtlos.«

Je älter sie wurden, desto mehr wussten die Kinder über die Gesellschaft, in der sie lebten. Bei manchen Stämmen waren alle gleich gestellt. Bei den Nlaka'pamux, die im heutigen British Columbia lebten, wurden alle wichtigen Entscheidungen in Clanversammlungen gefällt, bei denen alle anwesend waren. Viele andere Gruppen hatten Häuptlinge, die wichtige Beschlüsse fällten. Das Häuptlingsamt war bei manchen Stämmen erblich, bei anderen nicht. Die Yuma des Südwestens ernannten das weiseste und mächtigste Clanmitglied zum Häuptling. Andere erklärten den Ältesten zum Oberhaupt. Häuptling war meist ein Mann, aber bei den Pomo gab es auch weibliche Häuptlinge.

Unterschiedlich waren auch die Vorstellungen, wer von wem erben sollte. In manchen Familien wurden Besitztümer von der Mutter auf die Tochter weitergegeben, in anderen vom Vater auf den Sohn. Nicht immer war ein Mann das Familienoberhaupt – bei den Hopi z. B. war es eine Frau. Und auch wenn die Männer sonst das Sagen hatten – wenn sie auf die Jagd gingen, herrschten die Frauen über das Dorf.

Reiferiten

Feste markierten die besonderen Ereignisse im Leben. Es gab Feste für den ersten Zahn, den ein Kind bekam, oder für das erste Stück Wild, das ein Heranwachsender erlegte. Besondere Rituale feierten den Übergang ins Erwachsenenleben. Bei manchen Völkern lebten die Mädchen in der Pubertät einige Zeit in der Gruppe und fern vom Dorf. Bei den Blackfoot bekamen die Jungen erst als Erwachsene ihren richtigen Namen.

▶ **Pubertätszeremonie:** Apachen feiern ein junges Mädchen.

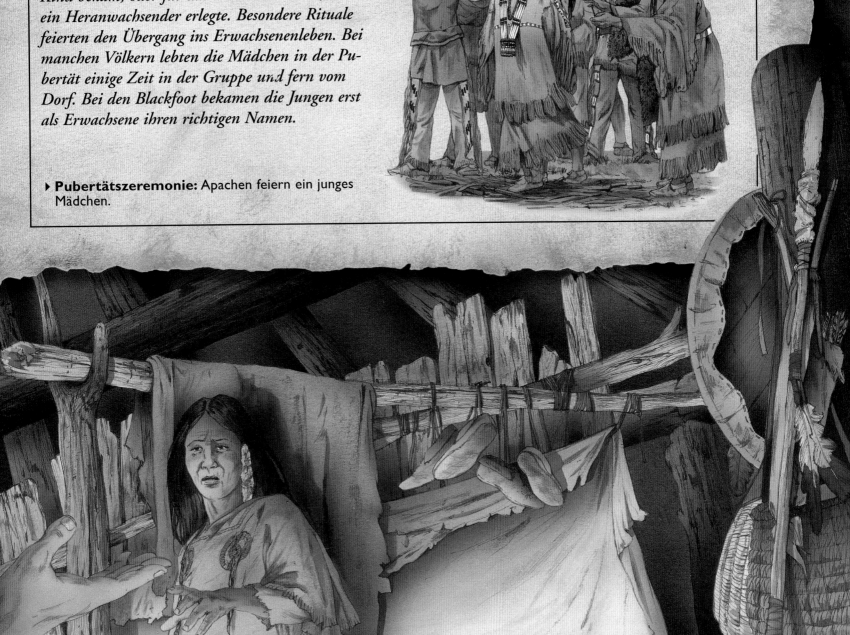

16

Reisen und Transportmittel

Als sie das Pferd noch nicht kannten, reisten die Ureinwohner mit Booten und Schlitten und ließen Lasten von Hunden tragen oder ziehen. Auf ihren Wanderungen schufen sie ein Netz von Pfaden, nach dessen Vorbild das moderne Autobahnsystem der USA angelegt ist.

Bevor sie Pferde hatten, zogen die Indianer nur auf ihren eigenen Füßen durch die Prärie. Auf der Suche nach ergiebigen Jagdgründen oder um mit fernen Stämmen Handel zu treiben, legten sie große Entfernungen zurück. Sie entwickelten verschiedene Transportmethoden und Behältnisse. Mütter trugen ihre kleinen Kinder in Kindertragen, Tragetüchern oder in der Anorakkapuze. Männer luden sich Lasten in Rucksäcken auf den Rücken oder packten sie in Beutel und Bündel, die sie mittels eines Stirnriemens trugen.

Hunde mussten beim Tragen helfen. Häufig wurde dem Hund eine Tragschleife angelegt. Als die Indianer Pferde hatten, bauten sie für sie einfach größere Tragschleifen.

Eis und Schnee erleichterten im Winter das Reisen im hohen Norden. Ein Hundegespann konnte auf einem Schlitten eine ganze Menge

◄ **Kindertrage:** Um ihre Kinder bei der Arbeit und unterwegs bei sich zu haben, banden die Indianerinnen sie sich auf den Rücken – z. B. in einer Kindertrage. Die Polsterung aus trockenem Moos diente auch als Windel.

▼ **Tragschleife:** Dieses Gerät, auch Travois genannt, wirkt primitiv, war aber für die Prärieindianer sehr nützlich. Ein Hund konnte damit eine Last von bis zu 38 kg ziehen – das entspricht dem Gewicht eines elfjährigen Kindes.

◄ **Schneeschuhe:** Wenn der Schnee für Schlitten zu weich und tief war, erleichterten Schneeschuhe das Vorwärtskommen. Sie wurden mit Riemen unter die Füße gebunden und verteilten das Gewicht ihres Trägers. Mit Schneeschuhen konnten Jäger große Tiere einholen, die bei jedem Schritt im Schnee einsanken.

Kanus und andere Boote

Ebenso wie Eis erleichterte auch Wasser das Reisen sehr. Die Ureinwohner Nordamerikas entwickelten die unterschiedlichsten Boote, aber drei Typen herrschten vor: Einbäume, Kanus und Kajaks. Um einen Einbaum herzustellen, brannte man das Innere eines Baumstamms aus. Einbäume waren bis zu 15 m lang und hochseetüchtig. Es gab sie vor allem im Nordwesten. Weil sie sehr schwer waren, eigneten sie sich nicht für Flüsse mit Stromschnellen oder Wasserfällen, die man umwandern musste. Mit ihren Holzgestellen und der darüber gespannten Außenhaut aus Rinde waren Kanus wesentlich leichter. Die Rindenstücke wurden mit Wurzelfasern vernäht und mit Baumharz abgedichtet. Im hohen Norden, wo es keine Baumrinde gab, spannten die Inuit Tierhäute über ein schmales Gestell aus Holz oder Knochen: Fertig war der Kajak. Die Indianer des Südostens befuhren die großen Flüsse der Region mit Rundbooten.

▸ **Boote:** Vor der Einführung des Pferds durch die Europäer stellte das Reisen auf Wasserwegen die schnellste Form des Reisens dar. Die Indianer nutzten ihre Boote, um Handel zu treiben, um Jagdwild zu verfolgen oder um zu fischen. Viele Boote waren leicht und stabil für lange Reisen.

Einbaum (Nordwesten)

Birkenrindenkanu (Nordosten)

Kajak der Inuit

Rundboot der Mandan

Gepäck befördern – und seinen Besitzer noch dazu. Die Schlitten waren aus Holz und sehr leicht, alle erforderlichen Riemen und Leinen waren aus Rohleder. Ein Überzug aus gefrorenem Moos oder Schlamm verbesserte die Gleitfähigkeit der Kufen. Manche Stämme, z. B. die Micmac im Nordosten, bauten Schlitten ohne Kufen, die aus einem glatten, oben aufgebogenen Brett bestanden.

»Furchtloser Wolf« ist entsetzt und geschockt über den Gedanken, unter Fremden aufgewachsen zu sein. Er beschließt aufzubrechen, um seine Familie zu suchen. Doch ehe er sie findet, wird er wohl viele Abenteuer bestehen müssen. Er nimmt Lebensmittel und Kleidung mit und seinen treuen Hund.

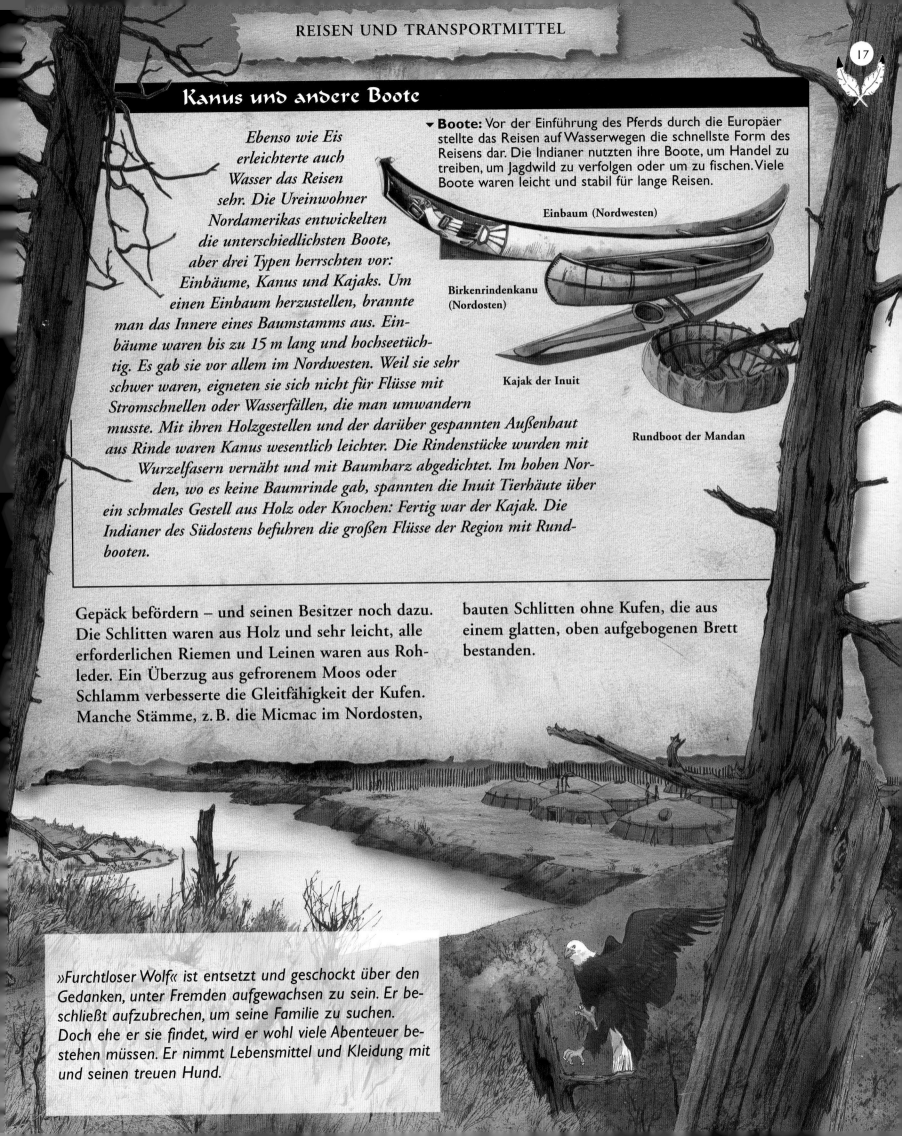

Religion und Heilkunst

Die Natur schenkte den Indianern alles, was sie zum Leben brauchten. Aber die Natur war auch voller Gefahren. Deswegen verehrten die Indianer Geister von Tieren und Orten und achteten alle, die mit ihnen in Verbindung treten konnten.

Wenn Koyukon-Indianer eine Mahlzeit aus Biberfleisch beendet hatten, trug eine junge Frau die Knochen zum Flussufer. Sie warf sie ins Wasser und rief: »Möget ihr nächstes Jahr wiederkommen!« Diese im heutigen Alaska lebenden Indianer fanden, dass Biber es verdienen, mit Respekt behandelt zu werden. Sie glaubten, nur dann wieder Biber fangen zu können, wenn sie die erlegten Tiere durch dieses kleine Ritual ehrten.

Rituale – feierliche Handlungen mit einem genau vorgeschriebenen Ablauf – spielten im Leben der Indianer eine große Rolle. Anders als für uns waren für sie Religion, Magie und Heilkunst eins. Jedes Volk hatte seine eigenen Glaubensvorstellungen und Rituale, doch gab es Gemeinsamkeiten.

▲ **Tanzen:** Für die Sioux und andere Indianer war der Tanz ein wichtiges Mittel zur Geisterbeschwörung und zur Kontaktaufnahme mit den Göttern und Vorfahren.

Die Indianer unterschieden nicht zwischen der wirklichen Welt und der Welt übernatürlicher Wesen oder Geister – zwischen dem, was man mit seinen fünf Sinnen wahrnimmt, und dem, was man in Visionen und Träumen erlebt. Weil sie auf die Natur angewiesen waren, stellten sie sich vor, dass alles, was in der Natur vorkam, eine Seele hatte oder die Wohnung eines Geistes war, der sich den Menschen gegenüber entweder freundlich oder feindlich verhielt. Die Bewohner des Nordwestens glaubten, die Lachse seien Geister, die sich in essbare Fische verwandelten, um den Menschen zu helfen. Die Seelen der toten Lachse kehrten ins Meer zurück. Wenn die Menschen ihre Gräten in den Fluss warfen, würden die Lachse wiedergeboren werden. Um die Lachsseelen zu versöhnen, wurde jedes

Auf der Wanderung geschieht ein Unglück: Geröllbrocken lösen sich und einer davon trifft »Furchtlosen Wolf« am Kopf. Ein Schamane, der Wurzeln sammeln wollte, findet den Schwerverletzten. Der weise Mann pflegt ihn gesund und gibt ihm magische Dinge, die ihn schützen werden. Und er erklärt ihm, wo er nach seiner Familie suchen soll.

Jahr der erste gefangene Lachs durch Opfer und Reden geehrt. Die Jäger anderer Stämme dankten den Tieren, von denen sie sich ernährten, durch Gebete, Träume, Tänze, Lieder und Rituale. Bauern riefen die Maisgötter oder den Sonnengott an.

Religion und Magie waren auch Teil der Heilkunst. Die Indianer kannten sich gut mit heilkräftigen Pflanzen aus und wussten, wo man sie fand und wie sie anzuwenden waren. Trotzdem glaubten sie nicht, schwere Erkrankungen allein mit Kräutern heilen zu können.

◄ **Totempfähle:** Indianer aus dem Nordwesten schnitzten aus Baumstämmen die »Totempfähle« oder »Wappenpfähle«. Die geschnitzten Figuren stellten Tiere oder Geister dar. An ihnen erkannte man, wem das Haus gehörte, vor dem sie standen. Andere Pfähle machten Verstoßene lächerlich oder sollten fremde Gäste begrüßen.

Bestattungsbräuche

Der Umgang mit dem Tod und den Toten war bei jedem Stamm anders. Die Toten wurden durch schlichte Feierlichkeiten geehrt und anschließend verbrannt oder begraben. Mitunter legte man die Besitztümer des Toten oder sein zuvor getötetes Lieblingstier mit ins Grab. Viele Prärieindianer bahrten ihre Toten auf hohen Gestellen oder in Bäumen auf und bestatteten später die übrig gebliebenen Knochen.

Jedes Volk hatte seine eigenen Methoden im Umgang mit Verletzungen und Erkrankungen. Bei den meisten Indianern gab es Spezialisten, die magische Fähigkeiten besitzen sollten. Schamanen erhielten ihre Macht durch die Geister, Priester und Medizinmänner erwarben ihr Wissen von anderen Menschen.

Es hieß, sie könnten in ihren Träumen und Visionen die Zukunft sehen und vielleicht sogar steuern. Weil sie die Pflanzen ihrer Region sehr gut kannten, wussten sie auch, welche davon Bewusstseinsveränderungen herbeiführten, also Drogen waren. Im Rausch nahmen sie Kontakt zu übernatürlichen Wesen auf. Auch Leute, die keine Priester oder Schamanen waren, nahmen zu bestimmten Anlässen Drogen zu sich – z. B. Tabak beim Rauchen der Friedenspfeife.

Sprachen und Verständigung

Die Indianer hatten keine Schrift, kannten aber andere Arten, Geschehnisse aufzuzeichnen. Angehörige verschiedener Völker verständigten sich durch Zeichensprache. Nachrichten wurden auch durch Boten oder Rauchsignale übermittelt.

Vor der Ankunft der Europäer wurden in Nordamerika schätzungsweise 400 Sprachen gesprochen und vielleicht sogar mehr. Viele davon unterschieden sich voneinander so stark wie Deutsch von Französisch. Allein in Kalifornien gab es 20 Sprachen – mehr als heute in Europa. Mittlerweile sind mindestens die Hälfte der indianischen Sprachen »ausgestorben«, denn es gibt niemanden mehr, der sie spricht oder versteht. Andere Sprachen blieben lebendig: Cherokee, Choctaw, Cree, Hopi, Navajo, Ojibwa, Taos, Zuni und andere werden weiterhin gesprochen und von kleinen Kindern als Muttersprache erlernt.

▲ **Winterzählung:** Jedes dieser kleinen Zeichen steht für einen Winter, also für ein Jahr und für ein besonderes Ereignis, das dieses Jahr prägte: eine Hungersnot, ein Sieg, eine Pockenepidemie. Die Zeichen halfen, die Vergangenheit festzuhalten.

Die Kommunikation zwischen Menschen, die verschiedene Sprachen sprechen, ist nie einfach. Die Prärieindianer lösten Verständigungsprobleme durch eine gemeinsame Zeichensprache. Die der Arapaho, Blackfoot, Cheyenne, Sioux und einiger anderer Stämme war ein bisschen so wie die Gebärdensprache der Gehörlosen. Das Zeichen für »Beil« gab man z. B., indem man mit der linken Hand den rechten Ellenbogen umfasste, die rechte Hand wie eine Beilklinge gestreckt hielt und hackende Bewegungen machte. Indianer entwickelten vor dem Kontakt mit Europäern keine Alphabete für ihre Sprachen. Einige nördliche Stämme aber zeichneten ihre Geschichte in Form von Winterzählungen auf. Jedes der auf Bisonleder gemalten Zeichen stand für ein Jahr und dessen wichtigstes Ereignis, und jeder kannte das Zeichen für sein Geburtsjahr.

Die Geschichte eines Volkes wurde in Reden, Reimen und Liedern überliefert. Der indianische Gelehrte Sequoyah (1770–1843) entwickelte 1821 eine Silbenschrift für die Laute der Cherokee-Sprache, mit der die meisten Cherokee rasch schreiben und lesen lernten. Heute verwenden Sprachwissenschaftler besondere Lautzeichen, um in indianischen Sprachen zu schreiben.

Um Nachrichten über große Entfernungen hinweg zu übermitteln, setzten die Indianer Läufer ein oder verwendeten Feuer- oder Rauchsignale. Bei einigen Stämmen war Läufer ein richtiger Beruf. Die Boten der Nomlaki in Zentralkalifornien legten 100 km und mehr zurück, um Botschaften zu überbringen. Die aus Filmen bekannten Rauchsignale waren nur in der westlichen Prärie gebräuchlich, wo das Land so flach war, dass man sie 80 km weit sah. Der Rauch entstand, wenn man feuchte Blätter ins Feuer warf. Je nachdem, welche Pflanzen man verbrannte, nahm der Rauch verschiedene Farben an. Die Rauchwolken erzeugte man mithilfe einer über das Feuer gehalte-

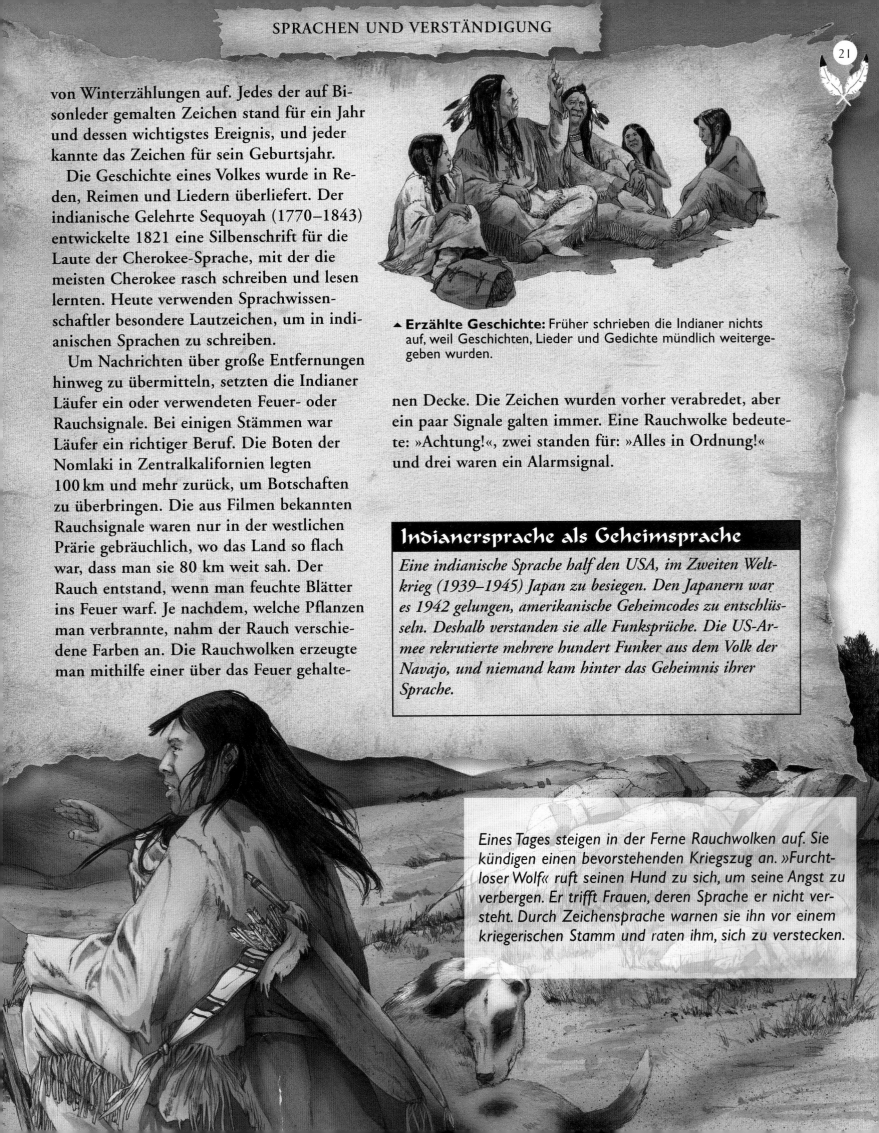

▲ **Erzählte Geschichte:** Früher schrieben die Indianer nichts auf, weil Geschichten, Lieder und Gedichte mündlich weitergegeben wurden.

nen Decke. Die Zeichen wurden vorher verabredet, aber ein paar Signale galten immer. Eine Rauchwolke bedeutete: »Achtung!«, zwei standen für: »Alles in Ordnung!« und drei waren ein Alarmsignal.

Indianersprache als Geheimsprache

Eine indianische Sprache half den USA, im Zweiten Weltkrieg (1939–1945) Japan zu besiegen. Den Japanern war es 1942 gelungen, amerikanische Geheimcodes zu entschlüsseln. Deshalb verstanden sie alle Funksprüche. Die US-Armee rekrutierte mehrere hundert Funker aus dem Volk der Navajo, und niemand kam hinter das Geheimnis ihrer Sprache.

Eines Tages steigen in der Ferne Rauchwolken auf. Sie kündigen einen bevorstehenden Kriegszug an. »Furchtloser Wolf« ruft seinen Hund zu sich, um seine Angst zu verbergen. Er trifft Frauen, deren Sprache er nicht versteht. Durch Zeichensprache warnen sie ihn vor einem kriegerischen Stamm und raten ihm, sich zu verstecken.

Raubzüge und Kriege

Die Teilnahme an einem Raubzug war gefährlich, für einen jungen Mann aber sehr wichtig. Wer feindliche Skalpe erbeutet oder aber auch die Feinde nur berührt hatte, errang dadurch die Achtung des Stammes und vielleicht auch das Herz einer schönen jungen Frau.

Ein indianischer Raubzug war kein romantisches Abenteuer, sondern eigentlich eine ziemlich schreckliche Angelegenheit. Die Krieger schlichen sich im Morgennebel an ihre Opfer heran. Sie kämpften erbittert und starben eher, als zu fliehen. Ihre Waffen waren einfach und tödlich zugleich: Sie hatten kurze Bögen und mit Stein verstärkte Holzkeulen. Ihre kleinen, leichten Schilde hielten kaum Pfeile ab, aber die Krieger glaubten, dass die darauf aufgemalten magischen Zeichen sie besser schützten als die Hemden aus zwei übereinander genähten Lagen Leder, die sie im Kampf trugen.

Manche Stämme griffen einander immer wieder an. Häufig war ein Raubzug die Rache für eine frühere Niederlage.
Die Sieger kehrten mit

◄ **Unsichtbarer Schutz:** Anders als die Ritter im Europa des Mittelalters trugen die indianischen Krieger keine Rüstungen. Sie glaubten, sich durch magische Gegenstände vor Verletzung und Tod schützen zu können.

schaurigen Trophäen heim, etwa den Fingern oder Skalpen getöteter Feinde. Manche Stämme glaubten, der Skalpierte würde in dem Leben, das nach dem Tod kam, der Sklave seines Besiegers sein. Am höchsten wurden allerdings jene Krieger geachtet, die ihre Feinde in der Schlacht nur berührt hatten. Jede Berührung, von den Europäern später Coup genannt, zählte in einem besonderen Punktesystem.
Wer viele Coups erzielt hatte, erhielt als Zeichen seiner Würde bestimmte Kleidungsstücke oder Federn für den

◀ Einfach, aber tödlich: Obwohl nur aus Holz, Federn und Stein gemacht, waren die Pfeile der Indianer gefährliche und tödliche Waffen. Einige Krieger konnten acht Pfeile hintereinander abschießen, bevor der erste von ihnen sein Ziel erreichte. Auch ein bewegliches Ziel wurde in 50 m Entfernung getroffen.

Kopfschmuck. Die jungen Frauen, die nach einem Ehemann Ausschau hielten, interessierten sich sehr für die erfolgreichen Krieger. Die verwegenen jungen Männer schlossen sich zu Kriegerbünden zusammen: zum Bund der »Starken Herzen« bei den Lakota oder zum Bund der »Verrückten Hunde, die den Tod suchen« bei den Crow.

Die Niederlassungen europäischer Siedler wurden zu neuen Zielscheiben der ehrgeizigen jungen Krieger. Statt Skalpe und Coups zu sammeln, stahlen sie Pferde. Und nachdem die aus Europa eingeschleppten Krankheiten unter den Indianern viele Tote gefordert hatten, entführten die Krieger junge Frauen, um ihren eigenen Stamm wieder zu vergrößern.

Vorbereitungen für einen Kriegszug

Die Krieger der Prärieindianer bereiteten sich auf ihre Kriegszüge sehr sorgfältig vor. Sie achteten auf mögliche böse Vorzeichen und deuteten Träume. Der geträumte Ratschlag eines Geistes konnte helfen, den Termin festzulegen. Manchmal hatten Albträume zur Folge, dass die geplante Aktion nicht stattfand. Wenn der Tag nahte, legten die Frauen des Stammes zusätzliche Kleidung und Proviant bereit. Sie fertigten auch Reservemokassins, denn die Krieger würden mitunter monatelang unterwegs sein und Strecken von über tausend Kilometern zurücklegen. Vor ihrem Aufbruch wurden die Krieger vom Stamm gesegnet. Besondere Rituale, Tänze und Lieder sollten ihnen den Sieg sichern. Auch unterwegs führten die Krieger bestimmte Rituale durch, z.B. das Rauchen heiliger Pfeifen.

Dank der Hinweise des Schamanen findet »Furchtloser Wolf« zu seinem Stamm. Seine Stammesgenossen erkennen ihn an dem Muttermal an seinem Kinn. Der Clan, der einst stolz und reich war, ist durch die Überfälle seiner feindlichen Nachbarn verarmt. Die Mädchen wurden als Sklavinnen verschleppt, die Pferde wurden gestohlen. Die Überlebenden sind ständig auf der Flucht.

Kontakte mit Europäern

Die Ankunft der Europäer in Amerika veränderte das Leben der Ureinwohner von Grund auf.
Die Neuankömmlinge besetzten Land und hinderten die Indianer, es wie gewohnt zu nutzen.
Außerdem schleppten sie neue, für die Indianer tödliche Krankheiten ein.

Als eine spanische Expedition 1513 in Florida an Land ging, wussten die Europäer über die Bewohner Nordamerikas so gut wie nichts. Im Laufe des folgenden Jahrhunderts kamen viele weitere Eindringlinge. Manche waren auf der Jagd nach Gold, andere suchten nach einer Verbindung zwischen Atlantischem und Pazifischem Ozean. Die Spanier hatten auf Kuba einen Stützpunkt und segelten von dort aus zum Festland oder aber zogen von Mexiko aus über Land nach Norden. Bald ahmten Abenteurer aus anderen europäischen Ländern das Beispiel der Spanier nach.

▲ **Gegenseitige Hilfe:** Ohne die Hilfe der Indianer hätten die frühen europäischen Einwanderer in der ungewohnten Umwelt nicht überlebt. Zum Dank erhielten die Indianer Metallgegenstände wie Hacken, Nadeln und Angelhaken.

Im 17. Jahrhundert begannen französische Pelzhändler Gebiete zu erkunden, die zum heutigen Kanada gehören, und Niederländer und Briten errichteten an der Ostküste Siedlungen.

Wenn sich die Europäer friedlich verhielten, hießen die Indianer sie willkommen, halfen ihnen und behandelten sie als Gäste. Doch das freundschaftliche Verhältnis war selten von Dauer. Die Europäer wollten mehr, als die Indianer freiwillig zu geben bereit waren. Sie wollten den Indianern ihre Religion aufzwingen, das Christentum. Vor allem aber wollten sie das Land der Indianer haben. Von Europa her waren die Siedler bewirtschaftetes, eingezäuntes Land gewohnt. Weil die Indianer keine großen Felder an-

legten und keine Zäune bauten, glaubten die Siedler, das Land sei eine Wildnis, die sie in Besitz nehmen durften. Sie vertrieben die Indianer oder zwangen sie mit Gewalt, als Sklaven für sie zu arbeiten. Die Europäer breiteten sich, von der Ostküste her kommend, immer weiter nach Westen aus, und die Indianer setzten sich zur Wehr. 1763 versuchten die Engländer, durch einen Vertrag die Angriffe der Indianer auf Siedler zu beenden. Sie versprachen den Indianern, dass sie sich höchstens bis zu dem Gebirge der Appalachen ausbreiten würden. Doch es kamen immer mehr Siedler, und die Indianer wurden stetig zurückgedrängt, erst bis zum Mississippi und dann immer weiter nach Westen.

Europäische Forschungsreisende drangen ständig weiter nach Westen vor und die Siedler folgten ihnen. Die Indianer wurden gezwungen, das beste Land aufzugeben. Viehzüchter beanspruchten riesige Grundstücke,

◀ **Sabotage:** Die Indianer sahen in der Eisenbahn eine Bedrohung für ihre Jagdgebiete. Sie griffen Züge an, setzten sie in Brand, beschädigten Schienen oder überfielen Bautrupps.

Goldsucher zogen in großen Scharen um 1850 durch Indianerterritorium nach Kalifornien. Später wurden durch das Land Eisenbahnlinien gebaut. Die Indianer bekämpften die Eroberer erbittert, doch die rasch weiterentwickelten Feuerwaffen waren ihren Waffen bald überlegen. Die aus Europa eingeschleppten Krankheiten, gegen die die Indianer nicht immun waren, fügten der indianischen Bevölkerung fast noch schlimmere Verluste als die erbitterten Kämpfe zu.

Nun befällt auch noch eine Krankheit den Stamm, in dem »Furchtloser Wolf« jetzt lebt. Das Fieber wird eingeschleppt von Weißen, die es auf das Land der Indianer abgesehen haben. Die Krieger sind zu schwach, um Widerstand zu leisten: Die Siedler bekommen, was sie wollten. »Furchtloser Wolf« erkennt, dass sie bald auch ihre Freiheit verlieren werden. Sie müssen gegen die Siedler kämpfen und er wird ihr Anführer sein.

Pferde und Gewehre

*Wir stellen uns indianische Krieger gerne als Reiter vor, die mit Gewehren schossen.
In Wirklichkeit war die Zeit, in der Indianer Pferde und Gewehre besaßen, nur ein
kurzer Abschnitt ihrer Geschichte. Beides hatten die Europäer mitgebracht.*

Die Pferde, die in Nordamerika heimisch waren, starben vor ungefähr 9000 Jahren aus. Die Tiere, die spanische Eroberer im frühen 16. Jahrhundert mit nach Nordamerika brachten, waren die ersten Pferde, die die Indianer je zu Gesicht bekamen.

Die Indianer des Südwestens beschafften sich spanische Pferde und wurden zu hervorragenden Reitern. Aus eingetauschten, gestohlenen und eingefangenen verwilderten Pferden bauten sie eigene Herden auf. Die Pferde und die Kunst, sie zu reiten, breiteten sich vom heutigen Mexiko allmählich nach Norden und Osten hin aus. Stämme, die Pferde besaßen, waren gegenüber denen im Vorteil, die zu Fuß kämpften. So wurden Pferde zu einem Symbol von Reichtum und Ansehen. Wer Pferde besaß, war wichtig.

Die Lebensweise der Prärieindianer veränderte sich durch die Übernahme von Pferden besonders stark. Im frühen 19. Jahrhundert besaßen alle Präriestämme Pferde, die sie eigens für die Bisonjagd ausbildeten. Gute Bisonpferde waren wertvoll, aber allgemein waren Pferde sehr begehrt. Bei den Raubzügen wurde es deshalb immer wichtiger, Pferde zu erbeuten.

▲ **Gute Reiter:** Durch Erfahrung wurden die Prärieindianer zu hervorragenden Reitern. Vom Sattel ihrer galoppierenden Pferde aus konnten sie präzise zielen – sogar mit Pfeil und Bogen. Dies machte sie zu gefährlichen Gegnern.

Pferde erleichterten das Reisen. Einige sesshafte Völker gaben ihre Dörfer auf und zogen stattdessen hinter den Bisonherden her über die Prärie.

Durch englische und französische Siedler lernten die Indianer Gewehre kennen. Wer miterleben musste, wie seine Freunde und Angehörigen durch Gewehre umkamen, begriff schnell, wie wichtig es war, solche Waffen zu besitzen. Zunächst aber schätzten die Indianer sie kaum: Auf der Bisonjagd waren sie unbrauchbar, denn die Schüsse versetzten die Herde in Panik. Außerdem war das Laden umständlicher als das Einlegen eines Pfeils in den Bogen. Mit der Zeit aber setzten sich Gewehre als Waffen in Kämpfen zwischen Stämmen durch. Mit Feuerwaffen ausgerüstete Krieger besiegten Gegner mit Pfeilen, Bögen und Streitäxten im Handumdrehen. Stets aber hatten die Weißen, die Nachkommen der Siedler, mehr Feuerwaffen als die Indianer. Sie setzten sie nicht nur im Kampf gegen die Indianer, sondern auch auf der Jagd ein. Der Bestand an Jagdwild nahm ab, und für die Indianer hatte dies schlimme Folgen.

Tauschgeschäfte

Schon jahrhundertelang vor Ankunft der Europäer hatten die Indianer untereinander Handel getrieben. Später tauschten sie in den Handelsposten Felle von Tieren wie Bibern und Bisons gegen Gewehre, Werkzeuge aus Metall, Glasperlen, Stoffe, Weinbrand und Tabak ein.

▸ **Handel:** Ursprünglich verwendeten die Indianer kein Geld, sondern tauschten Waren. Anfangs kannten sie den Wert der fremden Waren nicht und wurden von unehrlichen Händlern betrogen.

»Furchtloser Wolf« tauscht Bisonfelle gegen einige Gewehre ein. Bewaffnet holt er die gestohlenen Pferde und die verschleppten Mädchen zurück. Unterstützt von befreundeten Stämmen greifen »Furchtloser Wolf« und seine Krieger die Siedler an. Es gelingt ihnen, sie zu vertreiben, doch die Weißen drohen: »Wir kommen zurück!«

Leben in Reservaten

Die besiegten Indianer wurden gezwungen, sich in Reservaten anzusiedeln. Hier konnten sie von der Jagd kaum noch leben, denn die Weißen hatten mit ihren Gewehren den Großteil der Bisons getötet.

Nach dem Unabhängigkeitskrieg (1776–1783) waren die weißen Amerikaner der Ansicht, ihr Sieg über die Briten und deren indianischen Verbündete gebe ihnen das Recht, den Indianern ihr Land zu nehmen.

Um die Enteignungen rechtmäßig erscheinen zu lassen, schloss die amerikanische Regierung mit den Indianern Verträge. Von 1778 an wurden Anführer von Gruppen und Stämmen überredet, Land gegen Geld, Lebensmittel oder als Gegenleistung für staatlichen Schutz abzutreten. Die Verträge sicherten den Indianern zwar auch Land zu, doch die Reservate waren kleiner und wertloser als die ihnen genommenen Territorien. Der 1795 geschlossene Vertrag von Greenville z. B. sollte für Frieden im Nordwesten sorgen. Durch ihn gaben die Indianer »Land an der Mündung des Flusses Chicago ...« ab. An dieser Stelle steht heute die Stadt Chicago. Der Vertrag sicherte den

◀ **Reservate:** Die Reservate waren für die Indianer wie Gefängnisse. Sie konnten dort ihre gewohnte Lebensweise nicht beibehalten und mussten von Zuteilungen der Regierung leben.

Indianern Land zu, doch dieses wurde bald von Siedlern in Besitz genommen. Um 1812 lebte in diesem Gebiet kein einziger Indianer mehr.

Andere Landabtretungen kamen mithilfe von Betrügereien zustande. Beamte erklärten einfach einen willigen Indianer zu einem »Papierhäuptling« und ließen ihn unter einem Vertrag, den er nicht lesen konnte, ein Zeichen machen. In anderen Fällen sorgten sie dafür, dass die unterzeichnenden Häuptlinge betrunken waren. Oder sie bedrohten sie mit Waffen. Oder aber sie fälschten einfach den Vertrag.

Das war ein leicht errungener Sieg, aber die Siedler kehren mit der Kavallerie der Armee zurück. Lange Reihen blau gekleideter Männer ziehen gegen die Indianer in die Schlacht. »Furchtloser Wolf« wird bei einem Schusswechsel getötet – und irgendwo draußen auf der Prärie begraben. Sein Stamm muss in ein Reservat gehen, doch die Erinnerung an die Tapferkeit dieses Kriegers überlebt.

Die Schlacht am Little Big Horn

Besonders zwischen 1840 und 1880 kam es in den Prärien zu zahlreichen Gefechten zwischen Indianern und US-Kavallerie. Die Indianer errangen einige größere Siege. 1876 gelang es Kriegern der Sioux und der Cheyenne am Little Big Horn, eine Kavallerieabteilung unter dem Befehl von Oberstleutnant George Custer (rechts) einzukreisen und zu vernichten. Meist aber unterlagen die Indianer den besser bewaffneten Soldaten. Ihre letzte Niederlage war das Massaker von Wounded Knee in South Dakota 1890. Dabei tötete die US-Kavallerie fast 300 Sioux, die meisten davon Frauen und Kinder, die versucht hatten, das Pine Ridge Reservat zu erreichen.

Weitere Mittel, den Indianern Land wegzunehmen, waren neu erlassene Gesetze. Das Umsiedlungsgesetz von 1830 zwang Cherokee, Choctaw, Cree, Chickasaw und Seminolen, ihre Heimat zu verlassen und sich auf minderwertigem Land im Westen anzusiedeln. Die US-Armee trieb 100 000 Menschen aus ihren Dörfern, und 25 000 davon starben unterwegs. Weil sich viele Stämme widersetzten, folgte in der Prärie 40 Jahre lang ein Krieg auf den anderen (siehe Kasten).

Während die Indianer besiegt und von ihrem Land vertrieben wurden, schossen weiße Jäger Unmengen von Bisons ab – teilweise, um Fleisch und Felle zu verwenden, teilweise nur zum Spaß. Infolge von Kriegen und Gewalt, Krankheiten und Hunger nahm die indianische Bevölkerung immer stärker ab. Hatten vor der Ankunft der Europäer vier bis acht Millionen Ureinwohner in Nordamerika gelebt, so waren es 1900 nur noch 400 000.

Die Zukunft der Indianer

Die Verfolgung der Indianer endete nicht mit dem Massaker bei Wounded Knee. Durch amerikanische Gesetze wurden sie noch lange danach benachteiligt. Doch die Indianer kämpften für ihre Rechte und hatten damit einigen Erfolg.

Die einst freien Indianer führten zu Beginn des 20. Jahrhunderts in den Reservaten ein elendes Leben. Von diesen kleinen Gebieten konnten sie sich nicht ernähren. Sie fanden kaum Arbeit und waren auf die Wohltätigkeit der Regierung angewiesen. Aus Verzweiflung wurden viele zu Alkoholikern.

Die US-Regierung hatte immer gehofft, die Indianer würden die Lebensweise der weißen Amerikaner annehmen. Teilweise zwang sie sie auch dazu, indem sie Kinder aus ihren Familien holen und in Internate bringen ließ. Hier durften die Kinder nur Englisch sprechen. Es wurde ein Gesetz erlassen, das ermöglichte, die Reservate aufzuteilen.

Auf diese Weise wurde es den Indianern sehr schwer gemacht, ihre alte Lebensweise beizubehalten. Das erscheint nicht weiter erstaunlich, wenn man daran denkt, dass es nicht ein einziges indianisches Volk, sondern 500 Völker gab. Übrigens kannte keine einzige ihrer Sprachen ein Wort für den verallgemeinernden Begriff »Indianer«.

▼ **Zeitlos:** Indianisches Kunsthandwerk ist nach wie vor beliebt. Viele Künstler beschränken sich nicht darauf, traditionelle Vorbilder nachzuahmen, sondern lassen sich von ihnen zu moderneren Mustern und Formen inspirieren.

Erst 1924 wurden die Indianer zu Staatsbürgern der USA erklärt. Trotzdem besaßen sie kaum Rechte. In den 50er Jahren des 20. Jahrhunderts beendete die US-Regierung die Unterstützung für die Bewohner der Reservate und hob das Recht der Stämme auf, eigene Gesetze zu erlassen.

Angeregt durch das Beispiel schwarzer Bürgerrechtsbewegungen, die in den 60er Jahren des 20. Jahrhunderts an Bedeutung gewannen, begannen auch die Indianer, mehr Rechte einzufordern. Demonstrierende Indianer brachten 1969 vorüber-

Über ein Jahrhundert geht vorbei. Dort, wo früher die Prärie war, entsteht ein Einkaufszentrum. Doch als die Bauarbeiter in der Erde Knochen finden, lassen sie einen indianischen Archäologen kommen. Er stellt fest, dass die Knochen »Furchtloser Wolf« gehören — einem entfernten Vorfahren von ihm. Jetzt wird der mutige Krieger noch einmal bestattet — mit allen Ehren seines Stammes.

gehend das ehemalige Gefängnis Alcatraz in ihren Besitz. Vier Jahre später besetzten Indianer den Ort, an dem das Massaker von Wounded Knee stattgefunden hatte (siehe Seite 29). Durch diese und andere Aktionen wurde erreicht, dass die US-Regierung Gesetze zum Schutz der Indianer und ihrer Traditionen, Religionen und Lebensweisen erließ. Diese räumten den Indianern auch größere Selbstbestimmung ein.

Die Veränderungen in der Rechtsprechung beeinflussten wiederum die Art und Weise, in der die Indianer sich selbst sahen. Menschen indianischer Abstammung empfanden mehr Achtung gegenüber ihren Vorfahren. In den Reservaten wurden Casinos für Glücksspiele gegründet und brachten viel Geld ein. Die weißen Amerikaner entwickelten ein neues Interesse an der indianischen Kultur und besuchten auch als Touristen die Reservate.

Heute wohnen viele Indianer außerhalb der Reservate, und in New York und Los Angeles leben mehr als sonst wo in den USA. Moderne indianische Künstler schenken den indianischen Traditionen neues Leben. Inzwischen gibt es sogar einen Grammy (amerikanischer Musikpreis) für indianische Musik.

◀ **Patchwork-Decken:** Der »Morgenstern« ist eines der ältesten indianischen Patchwork-Muster. Er soll den Planeten Venus symbolisieren.

▼ **Archäologie:** Vor Tiefbauarbeiten müssen Archäologen beauftragt werden, nach Spuren indianischer Vergangenheit zu suchen. Es gibt auch indianische Archäologen. Manche älteren Indianer aber sind gegen jede Störung der Seelen ihrer Vorfahren.

Register